MEL BAY PRESENTS

SPANISH SONGS FOR GUITAR

Canciones Españoles para Guitarra

By Jerry Silverman

© 1996 BY MEL BAY PUBLICATIONS, INC., PACIFIC, MO 63069.
ALL RIGHTS RESERVED. INTERNATIONAL COPYRIGHT SECURED. B.M.I. MADE AND PRINTED IN U.S.A.
Visit us on the Web at http://www.melbay.com — E-mail us at email@melbay.com

Contents

Lágrimas
Tears

Song and Accompaniment

Malagueña

Si la ma - dre - ci - ta
If my dear sweet lit - tle

mí - a,_____ Si la ma - dre - ci - ta
moth - er,_____ If my dear sweet lit - tle

mí - a,_____ Vie - ra lo que_es-toy pa - san - do,_____
moth-er_____ Would see that I am just pass-ing,_____

Con lá - gri - mas de sus o - jos_____
With tears that would fall from her eyes,_____

La ca - lle fue - ra re - gan - do,_____
The street would be in - un - dat - ed,_____

La ca - lle fue - ra re - gan - do._____
The street would be in - un - dat - ed._____

5

Lágrimas
Tears

La caña
Sugar Cane

In this song "caña dulce" – sweet sugar cane – refers to a woman

Song and Accompaniment

Andalusia

Na - die se fie en te - ner,_____ Na - die se fie en te - ner_____
Que_a - quel que más se_a - se - gu - ra, Que_a - quel que más se_a - se - gu - ra,
You should nev - er, ev - er grasp,_____ You should nev - er, ev - er grasp_____
He who takes the big - gest chan - ces, He who takes the big - gest chan - ces,

u - na sar - tén por el man -
Lle - va ma - yor sar - te - na -
A hot skil - let by its han -
Will re - ceive the big - gest bruis -

go,_____
zo._____
dle._____
es._____

Ca - ña
Su - gar

dul - ce de mi dul - ce ca - ña, Que
cane,_____ oh, my sweet su - gar cane. You

8

tar - de_o nun - ca las pier - de, El que tu - vo ma - las
soon - er or lat - er lose them, You, who had such cun - ning

ma - ñas.
man - ners.

Soy
I

la cien - cia_en el sa - ber, Soy la cien - cia_en
juc - go con quien no sa - be, Que jue - go con
have made a sci - ence of know - ledge, I have made a
I play with one who knows noth - ing, When I play with

el sa - ber, Pe - ro la des - gra - cia
quien no sa - be, Y sal - go siem - pre per -
sci - ence of know - ledge, How - ev - er, dis - grace be -
one who knows noth - ing, I al - ways come out a

9

re - na,   ven - te con - mi - go._____ Que
ra_an - dar   en cue - ros vi - vos,_____ And
come with   me, my dark beau - ty._____
nev - er   go out stark nak - ed._____

La caña
Sugar Cane

12

Alalá

"Alalá" is a general term for a melody without lyrics which is vocalized with syllables such as: "la, le, lo..." etc.

Song and Accompaniment   Galicia

Alalá

Guitar solo

Moza navarra–Navarra Beauty
Pastora–Shepherdess

The next three arrangements consist of two jotas each, joined together.

Song and Accompaniment

Jota

Tune the 6th string to D

Por - que_e - res, mo - za na - va - rra,＿＿ ¡gua - pa!＿＿
Since you are, girl of Na - va - rra,＿＿ pret - ty!＿＿

Mi - ra si yo te que - rré.＿＿＿＿
Just see how I will love you.＿＿＿＿

Por - que_e - res, mo - za na - va - rra,＿＿ ¡gua - pa!＿＿
Since you are, girl of Na - va - rra,＿＿ pret - ty!＿＿

sa - do___ es - te ve - ra - no,___
come to___ pass this sum - mer,___

que_he pa - sa - do_es - te ve - ra - no,___
that have come to pass this sum - mer.___

ya ten - go ga - nas que ba - jes.___
I de - sire that ___ you do come down.___

21

Moza navarra–Navarra Beauty
Pastora–Shepherdess

Guitar solo
Tune 6th string to D

Venías de la Mejana–You Came From La Mejana
Morena salada–Dark-Haired Enchantress

Song and Accompaniment

Jota

Ve - ní - as de la Me - ja - na, de la Me - ja - na,_____
You came here from la Me - ja - na, from la Me - ja - na,_____

can - tan - do co - mo_un jil - gue - ro, co - mo_un jil - gue - ro._____
and sing - ing just like a gold - finch, just like a gold - finch._____

Ve - ní - as de la Me - ja - na, de la Me - ja - na,_____
You came here from la Me - ja - na, from la Me - ja - na,_____

Que te quie - ro,___ mi vi - da,___ te quie - ro.___
How I love you,___ my sweet-heart,___ I love you.___

Tú lo sa - bes,___ mo - re - na___ sa -
And you know it,___ my dark-haired___ en -

la - da.___
chant-ress,___

Que te quie - ro, mi
How I love you, my

vi - da,___ te quie - ro,___
dark-haired___ en - chant-ress.___

No me
Do not

de - jes,— mo - re - na sa - la - da,—
leave me,— my dark- haired en - chant- ress,—

Que me mue - ro,— mi vi - da,— me mue - ro,—
It would kill me,— my sweet- heart,— would kill me,—

que me mue - ro, mi vi - da,— me
It would kill me,— my sweet- heart,— would

mue - ro,— Tú lo sa - bes,— mo -
kill me,— And you know it,— my

re - na— sa - la - da.—
dark- haired— en - chant- ress.—

Venías de la Mejana–You Came From La Mejana
Morena salada–Dark-Haired Enchantress

Eres águila real–You Are A Royal Eagle
Yo quisiera ser guitarra–I Would Like To Be A Guitar

Song and Accompaniment

Jota

En el pi - co___ lle - vas flo - res,___
In your beak you___ car - ry flow - ers,___

e - res á - gui - la re - al.___
you're the ea - gle, king of birds.___

En el pi - co lle - vas flo - res,___
In your beak you car - ry flow- ers,___

Con las cuer - das bien, con las cuer - das bien tem - pla - das,_____
With my six strings well, with my six strings all well tuned up,_____

yo qui - sie - ra ser, yo qui - sie - ra ser gui -
I would like to be, I would like to be_a gui -

ta - rra._____
tar._____

Con las cuer - das bien, con las
With my six strings well, with my

cuer - das bien tem - pla - das,_____
six strings all well tuned up,_____

pa - ra
So that

38

can - tar bien, pa - ra can - tar bien la jo - ta_____
I could sing, so that I could sing the jo - ta_____

al es - ti - lo de, al es - ti - lo de Na - va,_____
in the style of, in the style of Na - va,_____

al es - ti - lo de, al es - ti - lo de Na -
in the style of, in the style of Na -

va - rra._____
va - rra._____

Yo qui - sie - ra ser, yo qui -
I would like to be, I would

sie - ra ser gui - ta - rra._____
like to be_a gui - tar._____

Fast

Eres águila real–You Are A Royal Eagle
Yo quisiera ser guitarra–I Would Like To Be A Guitar

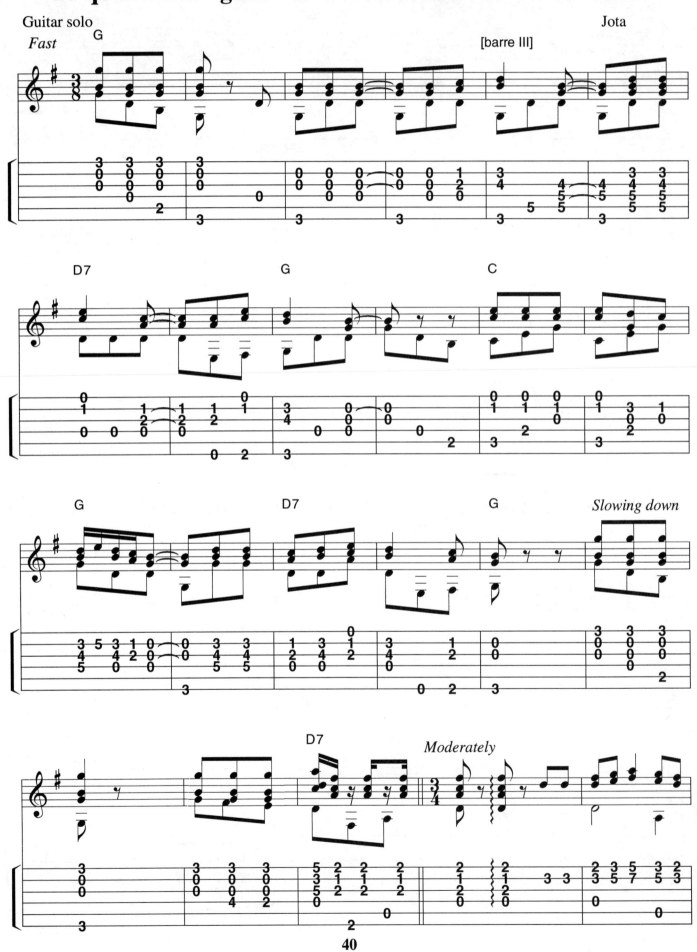

41

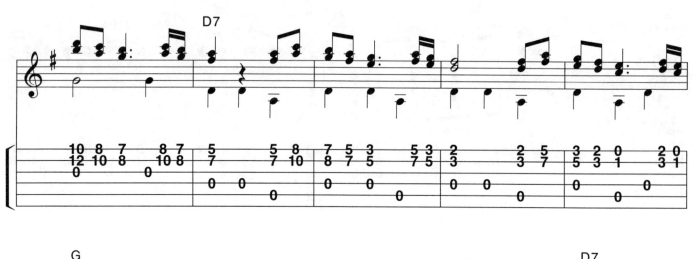
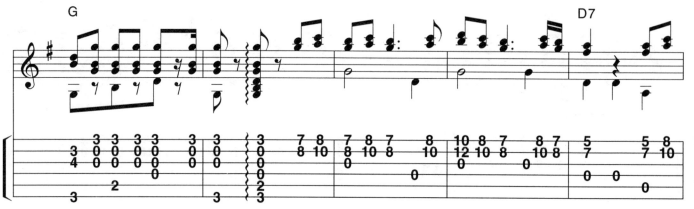

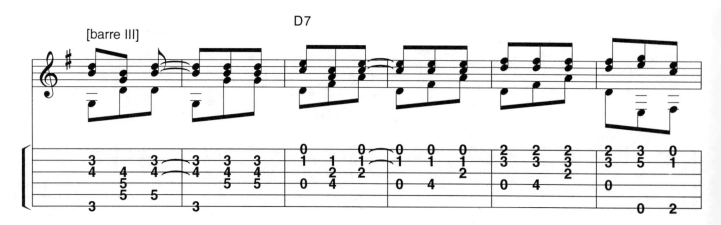

42

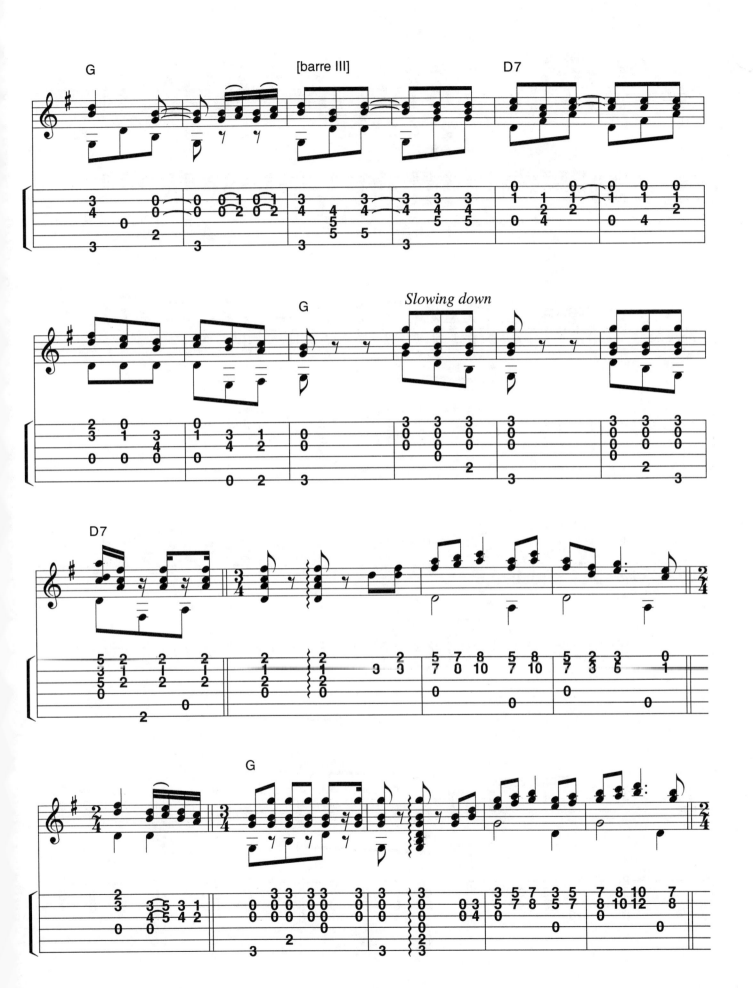

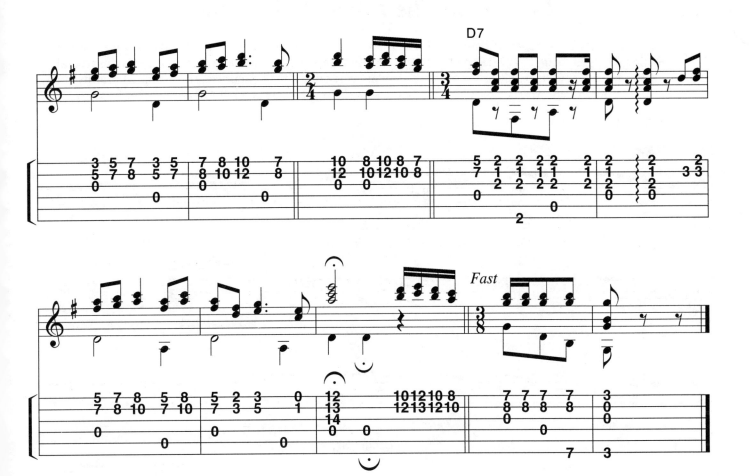

Viva la Quince Brigada
Long Live The Fifteenth Brigade

This and the following three songs date from the Spanish Civil War (1936-1939). The Fifteenth Brigade was the International Brigade of the Spanish Republican Army. It was composed of men from a number of countries around the world who saw in Franco (whose cause Hitler championed) a threat to world peace. During the McCarthy era of the 1950s, Americans who had fought in the International Brigade were labeled "premature anti-fascists."

Song and Accompaniment

46

glo-ri-a, / glo-ry, } ¡Ay Man - ue - la! ¡Ay Man - ue - la!____

Luchamos contra los moros, Rhumbala, rhumbala, rhumbala. ⌋2 Mercenarios y fascistas, ¡Ay Manuela! ¡Ay Manuela! ⌋2	We are fighting 'gainst the Moors, oh, Rhumbala, rhumbala, rhumbala. ⌋2 They are mercenaries and fascists, Ay Manuela! Ay Manuela! ⌋2
Solo es nuestro deseo, Rhumbala, rhumbala, rhumbala. ⌋2 Acabar con el fascismo, ¡Ay Manuela! ¡Ay Manuela! ⌋2	We have only one desire, Rhumbala, rhumbala, rhumbala. ⌋2 That's to put an end to fascism, Ay Manuela! Ay Manuela! ⌋2
En el frente de Jarama, Rhumbala, rhumbala, rhumbala. ⌋2 No tenemos ni aviones, Ni tanques, ni cañones, ¡Ay Manuela! ⌋2	In the front lines of Jarama, Rhumbala, rhumbala, rhumbala. ⌋2 We do not have any airplanes, Or tanks, or any cannons, Ay Manuela! ⌋2
Ya salimos de España, Rhumbala, rhumbala, rhumbala. ⌋2 Por luchar en otros frentes, ¡Ay Manuela! ¡Ay Manuela! ⌋2	Now from Spain we are departing, Rhumbala, rhumbala, rhumbala. ⌋2 For to fight in other battles, Ay Manuela! Ay Manuela! ⌋2

Viva la Quince Brigada
Long Live The Fifteenth Brigade

Si Me Quieres Escribir
If You Want To Write To Me

Units composed of Moroccan soldiers fought with Franco's forces against the Republican Army. The "Moor" in the third verse refers to one of these soldiers.

Song and Accompaniment

Si me quie-res es-cri-bir,_____ Ya sa-bes mi pa-ra-
If you want to write to me,_____ You al-read-y know my

de-ro, Si me quie-res es-cri-bir,_____
ad-dress, If you want to write to me,_____

Ya sa-bes mi pa-ra-de-ro: En el fren-te de Gan-
You al-read-y know my ad-dress: In the bat-tle of Gan-

de-sa, Pri-me-ra lí-nea de fue-go. En el
de-sa, In the van-guard of the fi-re. In the

fren-te de Gan-de-sa, Pri-me-ra lí-nea de fue-go._____
bat-tle of Gan-de-sa, In the van-guard of the fi-re._____

Si tú quieres comer bien,
Barato y de buena forma,]2
En el frente de Gandesa,]2
Alli tienen una fonda.

En la entrada de la fonda
Hay un moro *Mojamé*.]2
Que te dice, "Pasa, pasa,
¿Qué quieres para comer?"]2

El primer plato que dan
Son granadas rompedoras.]2
El segundo de metralla,]2
Para recordar memorias.

If you want to dine quite well,
Cheaply, yet in proper manner,]2
In the front lines near Gandesa,]2
There they have a little tavern.

At the entrance to the tavern
There's a Moor who's called Mohammed,]2
Who says to you, "Enter, enter.
What would you like for your dinner?"]2

Well, the first course that they serve you
Is made up of hand grenades.]2
And the second is machine guns,]2
So you won't forget this day.

Si Me Quieres Escribir
If You Want To Write To Me

Guitar solo

Venga jaleo
Join In The Struggle

Song and Accompaniment

El die - cio - cho día de ju - lio,_____ En el pa - tio
It was Ju - ly the eight - eenth,_____ On the pa - tio

de un con - ven - to,_____ El pu - e - blo_____ ma - dri - le - ño,—
of an old con - vent,_____ In the ci - ty_____ of Ma - drid,

Fun - dó el Quin - to Re - gi - mien - to._____ ¡Ven - ga ja -
That the Fifth Re - gi - ment was found - ed._____ Join in the

le - o ja - le - o!_____ Sue - ño de u - na me - tra - lla - do - ra, Y Fran -
strug - gle, the strug - gle!_____ I dream of a girl and her ma - chine gun, And Fran -

52

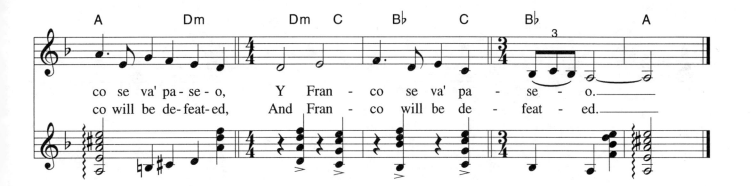

co se va' pa - se - o, Y Fran - co se va' pa - se - o.
co will be de - feat- ed, And Fran - co will be de - feat - ed.

Con el Quinto, Quinto, Quinto,
Con el Quinto Regimiento,
Tengo que marchar al frente
Porque quiero entrar en fuego. *Chorus*

With the Fifth, the Fifth, the Fifth,
With my regiment I'm leaving.
I must march up to the front line,
For I want to join the battle. *Chorus*

Con los cuatro batallones
Que están Madrid defendiendo,
Va toda la flor de España,
La flor mas roja del pueblo. *Chorus*

With the noble four battallions
That Madrid has to defend her,
Goes the flower of Spanish people,
Yes, the reddest Spanish flower. *Chorus*

Madre, madre, madre
Vaya usted mirando,
Nuestro regimiento
Se aleja cantando. *Chorus*

Mother, mother, mother,
Won't you come and see in wonder,
Just how our regiment
Takes its leave while bravely singing. *Chorus*

Venga jaleo
Join In The Struggle

Guitar solo

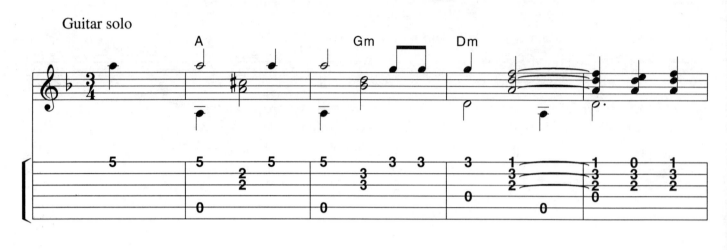

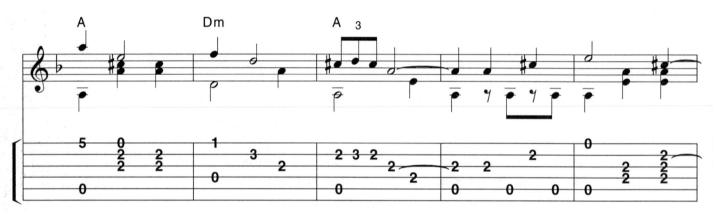

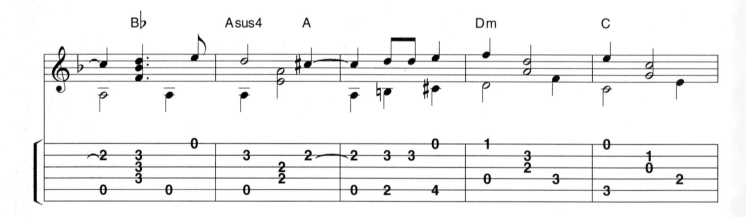

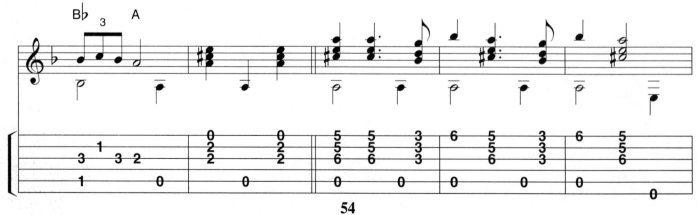

Los Cuatro Generales
The Four Insurgent Generals

The "four generals" were Franco, Mola, Varela, and Queipo de Llano. Each one was in command of one of the four columns advancing on Madrid in 1936. The term "fifth column" was coined by Franco at this time in referring to the traitors operating for him within the gates of the city.

Song and Accompaniment

Madrid, qué bien resistes, (3)	Madrid, how well you stand up, (3)
Mamita mía,	*Mamita mía,*
Los bombardeos, los bombardeos.	To the bombardments, to the bombardments.
De las bombas se rien, (3)	At the bombs they are laughing, (3)
Mamita mía,	*Mamita mía,*
Los madrileños, los madrileños.	The *madrileños,* the *madrileños.* *
Para la Nochebuena, (3)	By Christmas holy evening, (3)
Mamita mía,	*Mamita mía,*
Serán ahorcados, serán ahorcados.	They'll all be hanging, they'll all be hanging.

* Citizens of Madrid.

Los Cuatro Generales
The Four Insurgent Generals

Guitar solo

¡Ay! Linda amiga
Ah! Dearest Sweetheart

Song and Accompaniment

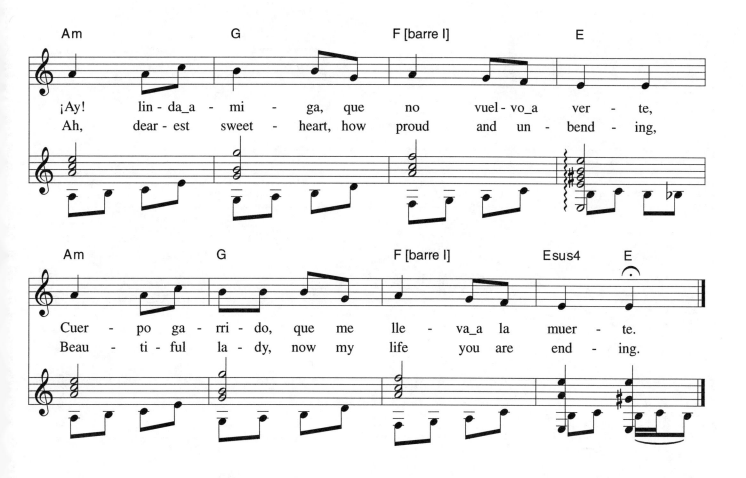

¡Ay! Linda amiga
Ah! Dearest Sweetheart

Guitar solo

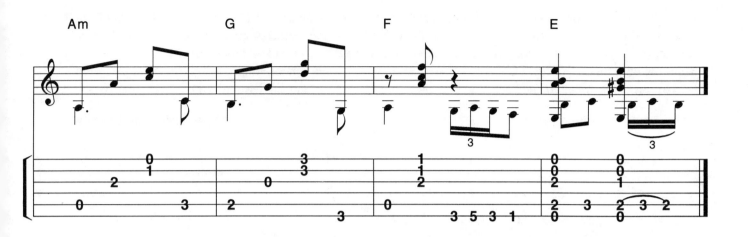

61

Malagueñas Al Emigrante
Malagueñas For The Emigrant

Considering that it would be neither just nor equitable to continue maintaining an absolute prohibition that forbids residents of the Canary Islands to seek with security in other countries the sustenance which they lack in their country and to provide an expedient departure of the excess population of said islands . . . Her Majesty, after having heard the opinion of the Royal Council, has decreed that the prohibition of emigration to America, that weighs heavily on the inhabitants of the Canary Islands, should cease. (Queen Isabella II, Royal Order, September 16, 1853)

Song and Accompaniment

By Jerónimo de Francisco

Un pue-blo_e-mi-gran-te, es-te pue-blo_en-te-ro.
La po-bre-za_a-rras-tra ha-cia_o-tros sen-
Em-i-grat-ing peo-ple that's the pop-u-la-tion.
Pov-er-ty up-roots us to an-oth-er

de-ros. Y yo can-to al e-mi-gran-te,
na-tion And I sing to the e-mi-gran-te,

Y yo can-to al e-mi-
And I sing to the e-mi-

gran-te, que de jo-ven em-bar-
gran-te, al cam-pe-si-no ca-na-
who while still young will sail
to the Ca-na-ry Is-land

Malagueñas Al Emigrante
Malagueñas For The Emigrant

Serranilla
Mountain Song

Song and Accompaniment

En lo al - to de_a - que - lla mon - ta - ña yo cor - té_u - na
quie - ro_a un la - bra - dor - ci - llo que co - ja las
In the heights of that moun - tain up yon - der, I cut down a
love is a hard work - ing peas - ant who rounds up the

ca - ña, yo cor - té_u - na flor,_____ pa - ra_el la - bra - dor, la - bra - y
mu - las y se vaya_a a - rar,_____ y_a la me - dia no - che me
tall cane, I cut down a flower_____ for that work ing man, work - ing
mules, and who goes out to plow,_____ And who then at mid - night does

dor, ha de ser._____ Que las cas - ta - ñue - las, con el al - mi -
ven - ga_a ron - dar_____ con his cas - ta - nets, with his lit - tle brass
man, yes I did._____ My
se - re - nade me._____ With

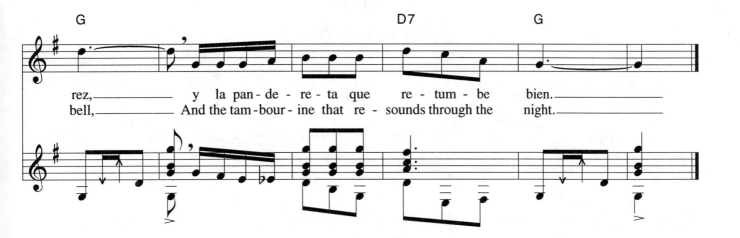

rez,_____ y la pan - de - re - ta que re - tum - be bien._____
bell,_____ And the tam - bour - ine that re - sounds through the night._____

Si en lo alto de aquella montaña	If in heights of that mountain up yonder,
te ofrezco una caña, te ofrezco una flor,	I give you a tall cane, I offer a flower,
también labrador yo te quiero ofrecer	As well, my dear peasant, I'd offer to you
mi amor que es humilde y sencillo.	My love that is humble and true.
Y que con paciencia le gusta esperar	And patiently I am happy to wait
que a la media noche vengas a rondar,	Till you come at midnight to serenade me,
con las castañuelas, con el almirez	With your castanets and your little brass bell,
y la pandereta que retumbe bien.	And your tambourine that resounds through the night.

Serranilla
Mountain Song

Guitar solo

Estoy soñando con ella
I'm Dreaming Of Her

Song and Accompaniment

Fandango

Cantas al pie de mi re-ja,_____ pa-ja-ri - to tú que_al
You are sing-ing at my win-dow,_____ lit-tle bird, you're here each

al - ba,_____ Can-tas al pie de mi re - ja,_____ no ven-gas a des-per-
morn-ing,_____ You are sing-ing at my win-dow,_____ Don't come here now to a-

tar - me, que_es-toy so-ñan-do con e - lla,_____
wake me, For I'm dream-ing now a - bout her,_____

que_es-toy so-ñan-do con e - lla._____
for I'm dream-ing now a - bout her._____

Siempre lo llevo en el cuello,	'Round my neck I always carry
El retrato de mi madre	The portrait of my dear mother.
Siempre lo llevo en el cuello,	'Round my neck I always carry...
Cuando me voy a acostar	And when I lie down to sleep,
Lo saco y le doy un beso	Out I take it, and I kiss it,
Y me *jarto* de llorar.	And then I begin to cry.
Molinero es el que canta,	Now the miller goes a-singing,
Música va por la calle,	In the streets I hear him singing.
Molinero es el que canta,	Now the miller goes a-singing,
Con el polvo de la harina	With the dust of his white flour,
Lleva ronca la garganta.	He is hoarse*, but singing gaily.
Música va por la calle,	In the streets I hear him singing.

* A play on words: "ronca" means hoarse
as well as the cry of a buck in heat.

Estoy soñando con ella
I'm Dreaming Of Her

Guitar solo

Fandanguillo

Tune 6th string to D

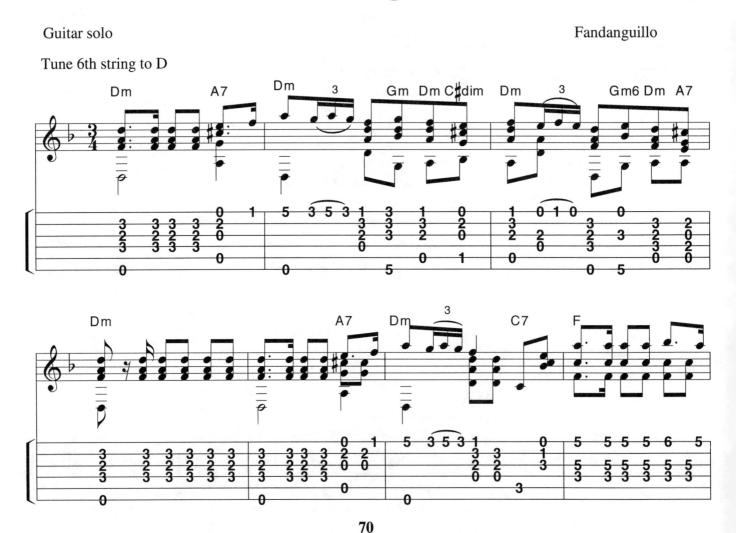

70

Las palabras, amor mío...
All Those Words, My Dear Beloved...

Song and Accompaniment

Santander

Las palabras, amor mío...
All Those Words, My Dear Beloved...

Canto de Romería
Pilgrimage Song

Song and Accompaniment

Castilla

E - res al - ta_y del - ga - da co - mo tu ma - dre, mo - re - na sa - la -
You are tall and so grace - ful, you're just like your moth - er, my dark - eyed___

da, co - mo tu ma - dre. Ben - di - ta sea la ra - ma que_al tron - co sa -
love, like your moth - er dear. May the branch be___ bless - ed, that comes from the

le, mo - re - na sa - la - da, que_al tron - co sa - le. To - da la no - che_es-
trunk, oh, my dark - eyed ___ love, that comes from the trunk. All night long I am

Chorus

toy,___ ni - ña, pen - sando_en ti.___ Yo de_a - mo - res me
think - ing, dar - ling, think - ing of you.___ From love I'm simp - ly

Eres como la rosa de Alejandría,
Morena salada, de Alejandría.
Colorada de noche, blanca de día,
Morena salada, blanca de día. *Chorus*

You are just like the rose of Alexandria,
Oh, my dark-eyed love, of Alexandria.
Dark as midnight you are, and you are white as day,
Oh, my dark-eyed love, you are white as day. *Chorus*

Canto de Romería
Pilgrimage Song

Guitar solo

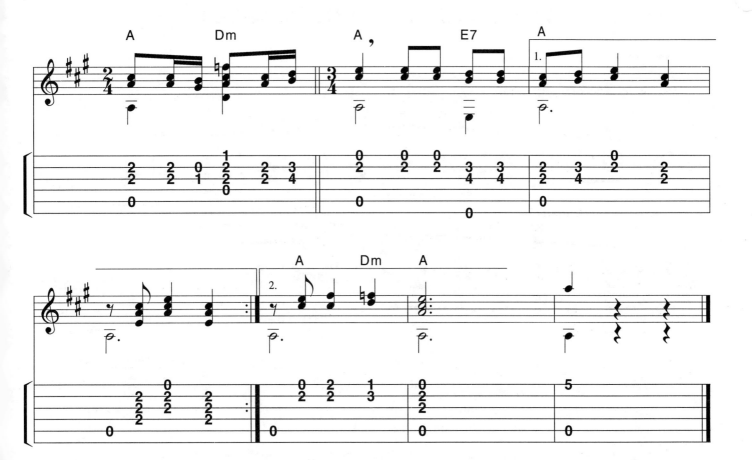

Me llamaste "Morenita"
You Called Me "Little Dark-Skin"

Song and Accompaniment

Asturias

See "solo" for intro. fingering

Me lla - mas - te mo - re - ni - ta, pen - san - do que_e - ra ba -
You did call me "lit - tle dark - skin," Think - ing that I was be -

je - za; me pu - sis - te_un ra - mi - lle - te de los
neath you; A bou - quet you did pre - sent me, From my

pies a la ca - be - za. Co - mo co - lo - re - a la ro - si - ta_en el ro -
head to feet it cov - ered. How do ros - es on the bush turn to a crim - son

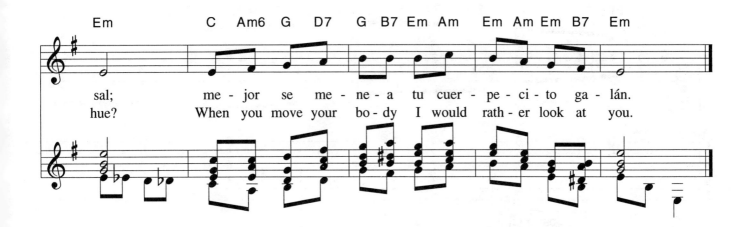

sal;
hue?

	me - jor se me - ne - a	tu cuer - pe - ci - to ga - lán.
	When you move your	bo - dy I would rath - er look at you.

Me llamaste morenita,
pensando que tacha es.
Me pusiste un ramillete
de la cabeza a los pies. *Chorus*

Me llamaste morenita,
pensando que me enfadaba;
más vale ser morenita
que blanca y no tener gracia. *Chorus*

You did call me "little brown-skin,"
Thinking that it was a stain.
A bouquet you did present me,
From my head to feet it covered. *Chorus*

You did call me "little brown-skin,"
Thinking it would bother me.
Well, I'd rather be brown-skin,
Than have white skin and no grace. *Chorus*

Me llamaste "Morenita"
You Called Me "Little Dark-Skin"

La huevera
The Egg Lady

Song and Accompaniment

Salamanca

mi - ra que no_hay o - tra co - mo___ tú_en el bai - le.___
for there's no one else just like you___ in the dance___ now.___

Cuando se baila en la plaza,
con sus sayas, la huevera
levanta más rebullicio
que en marzo una ventolera. *Chorus*

Los ojos de la huevera
son encendidos carbones,
que ciegan si se les mira
y abrasan los corazones. *Chorus*

And when she does dance in the plaza,
With her skirts, the egg lady,
She raises up such great excitement,
Like the March wind with a pinwheel. *Chorus*

The flashing eyes of the egg lady,
Like two hot coals are flaming.
They'll blind the poor man who looks at them,
And set every heart on fire. *Chorus*

La huevera
The Egg Lady

Los bibilicos
The Nightingales

Guitar solo (tremolo study)

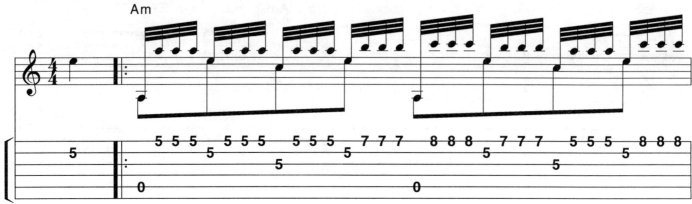

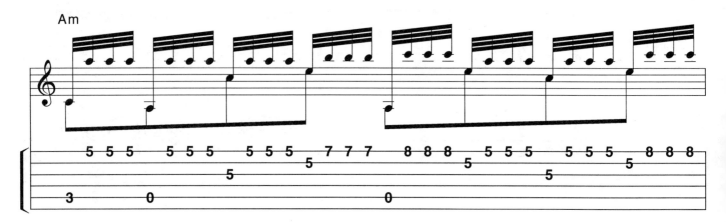

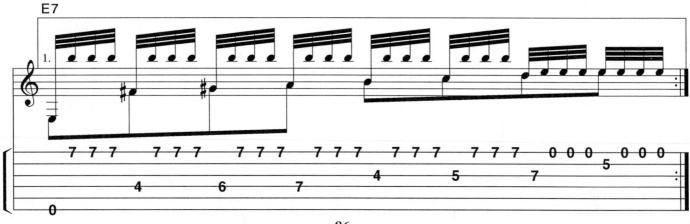

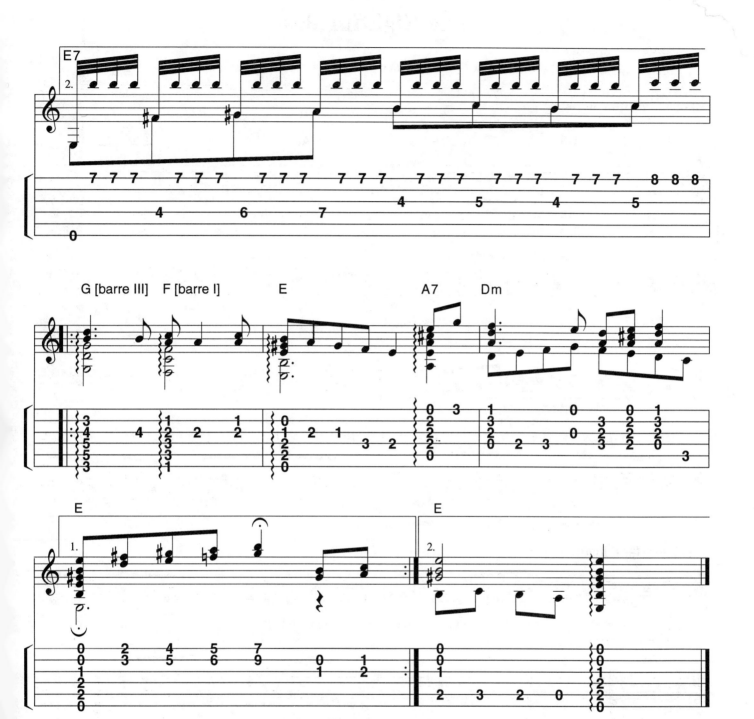

Los bibilicos
The Nightingales

The text is Ladino, the Spanish spoken by Jews who lived in Spain until 1492.

Song and Acompaniment